가시의 속살

가시의 속살

시와사람 서정시선 077

한봉준 시집

시와사람

| 시인의 말 |

진한 먹빛이었다
한폭의 수묵화였다
까맣게 탄 속이 먹이 된다고 했다

남산만한 배를 뒤뚱이며
셰익스피어 전집을 읽고 또 읽고
까맣게 탄 가슴 데리고 하늘나라 가신
영원한 까까머리 형에게

마음 기대어 살아온 시간들을 모아

2021년
한봉준

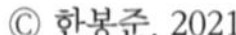

가시의 속살
차례

2부

3부

4부

1부

말바우시장 앞 사거리 교차로

스피드를 제압하는 얼룩무늬 목줄이다
수많은 바퀴 자국에 치어, 죽은 듯 있다가도
초록으로 선명히 되살아나
사람들의 발길을 재촉한다

그러나 멈춤의 순간에도
줄지어 선 기계들의 심장은 사납게 벌렁댄다

초록이 깜박거릴 땐
당장이라도 멈춤을 해제할 기세다
허우적이는 노파의 발길질에
핏기 잃은 지팡이가 성호를 그어 댄다
건너가기 위한 혼신의 몸짓이다

건너편 눈동자가 핏발을 세우며 노려본다
빨강은 안 된다 하고 깜박거린 초록은 더 기다리라 한다
아슬아슬하고 팽팽하다

호수처럼 너볏이 앉아
– 벤치

가을이 머물던 곳에 한 사내가 먼저 와 있다
에워 하늘거린 억새 몸짓도 다정하다

사내는 알몸으로 겨울을 나기도 하고
가죽점퍼를 입고 한여름을 견뎌내기도 한다

옆집 아가씨가 엉덩이를 포개더니 수다를 잔뜩 늘어놓고
오후의 수다에 윤슬도 춤을 춘다

넓적해진 햇빛 한 움큼 지나가고
바람맞은 애기단풍 살포시 와 안기면

사내는 호수처럼 너볏이 앉아
억새 청미래 열매 개옻나무잎들을 두 눈에 쓸어 담는다

바지게*

장바구니 카트를 끌고 다니듯
아버지 등에 찰싹 붙어 다니던 펑퍼짐한

아버지의 껌딱지가 되어버린 그녀는
어렵게 장만한 갯가 자갈논에서
발바닥이 순해질 때까지
날마다 돌을 주워 논가에 부리고 또 부리고

늘 그만치서 말없이 자갈을 주워내던 그녀가
어느 날 내게도 다가와
어린 등짝에 안쓰럽게 얹혔다

고단한 삶을 온통 등짝 하나로 감당했던 시절
받아들이는 자와 벗어나려는 자의 대립으로 각을 세우기도 하지만
타협을 모르던 그녀의 결정에 늘 힘이 실렸다

논배미마다 물뱀들의 집이 하나 둘 늘어나고
돌무더기가 쌓이는 만큼 무논의 흙도 찰져갔다

저물녘 갯가 자갈논에 나가
보았다 무명적삼 걸친 아버지의
잊혀진 줄 알았던 그 여인
자갈논 귀퉁이에 똬리를 틀고 있었다

*싸리나 대오리 따위로 만든 발채를 얹어 놓은 지게

먹감나무

우리 집 감나무는
사립문이 헐리던 날 내게
깊고도 은은한 속살을 내놓았다
진한 먹빛이었다
한 폭의 수묵화였다
왜 먹빛이냐고 물었더니
상처가 많아서 그렇다고 했다
상처가 많으면 속이 썩지 않느냐고 했더니
나무는,
까맣게 탄 속이 먹이 된다고 했다
감꽃을 백번도 더 피워낸 그 속살에
잔밥을 놓아주시던 할머니의 두 손도
정화수에 담아 보낸 어머니의 새벽도
함께 물들어 있었다
가만히 쓰다듬으니
손바닥에 그을음이 묻어난다

그 빵집

군왕로 203번길,
이팝 꽃숭어리 몽실몽실한 그 길가의
빵집

빵과 커피를 고른 후 느긋하게 앉아 있어도
탓하는 이 없다

쪽빛 스카프를 두른 중년 여인들이 찾아와
기억의 먼 곳에서 어룽거리는
배냇저고리를 기억해내곤 한다

마음이 허전할 때면
영혼을 탁자에 올려놓고
노을 속에서 어머니를 뵙는다

그 빵집에 가면
시간이 물고기처럼
거슬러 올라 간다

갯바위 얽은 살갗 구멍구멍

따개비와 고둥이 총알처럼 박혀있고 거북손과 담치가 물의 세기와 깊이를 가늠하며 체중을 불린다

우대미에선 바위옷 갈매꽃이 파도의 갈기를 맞으며 살고 알대미에선 파래 톳 모자반 우뭇가사리 돌김 삿갓조개들이 붙어산다

갯강구들이 바람의 속도로 질주하고 웅덩이에 빠진 해삼과 문어를 구출하면
파도가 하얗게 머리칼을 세우고 달려와 갯바위 볼때기를 후려친다

얽은 살갗 구멍구멍 묵은 때를 씻어내고 선도를 유지하면 삶은 맞아가며 영글어지는 거라고 미역귀 하나가 꼬리를 살랑거리며 다가온다

해질녘이면 영롱한 저녁놀을 만나고 춤추는 바다 분수의 감미로운 선율을 가슴에 담고 은갈치 떼가 줄지어 피워올린 불빛 황홀한 수평선

볼락이 붉으락 붉으락 올라올 때마다 각자 은밀한 내력으로 기적을 일궈낸다고 빙그레 웃는다.

까까머리 나의 형이 낚싯대를 드리우고 볼락을 유혹한다

가시의 속살

고통은 가시가 아니라 가시의 속살

그리움은 향기가 아니라 향기의 밀어

고통도 그리움도 겉이 아닌 속에서 익는다

햇살도 바람도 겉으로는 마음을 알 수 없는 것

단칸 셋방살이에 보채고 찌그러져도
마음은 언제나 하늘을 보고

누구 하나 곁을 내주지 않아도
마음은 언제나 곁으로 다가선다

금빛으로 빛나는 마음아

내 고향 고살길에 밤꽃이 피었겠다

계단을 오르면

계단을 오르면서 양파를 생각한다

겹겹의 얼굴을 벗기며
스스로 벗을 때까지
나의 속살도 너를 끌어안고 겨울을 견뎌냈을까

그 속살이 눈물이라는 것을 다 안다

여백 같았던 껍질들, 그 껍질 벗어던지니
눈물이 나의 깊은 침묵까지 흔들어 깨운다

눈물이 사무쳤기 때문일까
으깨어져도 마르지 않은 눈물

바스러져도 본성 잃지 않으려는
매운 것들의 한결같은 삶의 방식

계단이 맵다

영산홍이 아프다

빗소리가 새벽을 깨우고 있습니다

영산홍 꽃잎 때리는 소리

비바람에 검정 비닐봉지가 솟구쳐 오릅니다
여린 잎 달싹이는 똘감나무 사이로 날아가다가 가지에 걸려 몸부림을 칩니다

그 모습 안쓰러워 유리창도 주르르 눈물을 흘립니다

몸 하나 피할 곳 없는 사람들이 신문지로 감싸고 있는 뉴스를 보았습니다

야위어진 그들의 뺨 살며시 어루더듬어 줄
따뜻한 아침 햇살 한 줌
필요합니다

새벽마다 몸부림치는 사람들이 있습니다

빨강구두 91

체육공원 벽돌 계단을 오르는 빨강구두
설 쇠면 아흔 한 살이란다

머뭇거리거나 흐트러짐 없는 몸놀림으로
어깨 돌리기
허리 돌리기
바람에 리듬을 탄다

지그시 눈을 감고
뱃살의 감촉을 느끼는 빨강구두
양지바른 곳에 앉아
햇살도 즐긴다

햇볕 받은 빨강구두가
하늘을 보며 비타민처럼 웃어 댄다

내 곁을 떠나지 않는
– 발소리

새벽녘 가만가만 아랫배미 물 보러 다녀오신 아버지 같고
논시밭 언저리를 서성이는 어머니도 같다

오늘 아침
쪼르르 따라나서는 그를
신발장에 넣어 두고
운동화 차림으로 길을 나섰는데
떡갈나무 낙엽 뒹구는 숲길에 들어서자
언제 따라왔는지 한 발짝 뒤에서 기척을 한다

나보다 시냇물 소리와 더 친한 그는
재잘거리느라 정신이 없다가도 나를 놓치는 법이 없다

적막을 느낄 때 쯤
오싹한 누군가의 인기척이 되었다가
적막이 그치면 금세
살가운 친구가 된다

가만, 그가 오고 있다
골짜기 시냇물은 먼저 보내고
엷은 바람 한 자락 데리고 산 정상까지

내 등을 밀어주는
영락공원 잔디밭 길을 걸으시던
어머니 발걸음 소리 같은

석대는 엎드린다

장흥의 석대는 순박한 달빛 아래 엎드린다

대나무 숲에 앉아 도란거리는 별빛이나
침묵하는 석대의 암벽이나
모두 순박함으로 엎드린다

드넓은 석대들* 알 털린 볏짚을 가만히 만지면
흰옷들이
늦가을 햇살에 너울거린다

칼바람이 속울음으로 몰려올 땐
대나무 잎처럼 사운 대기도 하고
아득히 화살 되어 날아가기도 하고
끝없는 함성으로 자지러지기도 하다가

석대 틈새마다 피어나는 국화꽃 곁에서
절규의 자세로 엎드린다

석대 휘감아 도는 바람을

한 겹 한 겹씩 벗겨내며
총칼에 맞선 죽창의 자세로
장흥의 석대는 엎드린다

*동학농민혁명 최후의 격전지, 장흥동학농민혁명 기념관이 있다.

노간주나무

누군가 밑동을 자른 노간주나무 하나
가져다가

잔가지를 자르고 껍질을 벗기자
미끈한 구릿빛 살결을 수줍게 내놓는다

남은 우듬지를 둥글게 휘어 묶은 코뚜레에서
갇혔던 황소들의 울음이 되살아난다

올 보름엔 코뚜레를 하나 더 만들어
워낭도 복조리도 현관문에 걸어야겠다

기억이 희미해져가는 누이의 벗이 될 수 있다면
아득한 황소의 울음을 늘 곁에서 들을 수 있다면

잘린 나무 하나가 그럴 수 있다면

무화과

밑동이 우툴두툴
나이 들어도
무공해로 일군 삶이다

손 내밀고 싶은 꿈 스스로 접고
무향으로 핀 열매

나도 한입
새들도 한입
허기진 입들에 온몸을 맡긴다

공양 마친 노랑초파리 떼 우르르 날아간다

꽃도 열매도
작은 씨앗까지도 다 내어주고
몇 알만을
가지 끝에 매달고 있다

목탁 같은 삶이다

너싱홈*

깔깔거리던 웃음이 떠나고 나면
기저귀 대신
그녀에게 요도 카테터를 채웁니다

그 소변줄 때문에
폐지를 묶듯 두 손마저 묶이고
줄이 시키는 대로 웅크려 잡니다

좌로 우로 반듯하게, 줄은 저항을 싫어합니다
저항할수록 살 속까지 파고들지요

평생 굽힘 없이 살아 온
그녀의 생각은 자꾸만, 자꾸만 뒤로 굽혀집니다
성깔을 내려놓아야 편해진다는 것을
아흔아홉 늦은 가을에야 깨닫습니다

폐지는 날로 가벼워지고
자동이체가 죄를 사하는 동안
그녀는 언제 떠날지도 모르는 침대에서

오물오물 남은 자존심 하나 또 뱉어냅니다

*nursing home 아름다운 노후를 가꾸는 곳

여행 마니아

짐칸에서
숨을 죽이고 있네요
어둡고 답답해도 습관처럼 참아요
문을 굳게 닫고 어둠을 지켜냅니다

후다닥 빈속을 채우고
하늘을 날기도 하고
물위를 걷기도 하고
도로를 질주하기도 하고
남의 등짝에 기대어 곤히 잠들기도 합니다

야릇한 비밀하나쯤 품고 살아요
미처 보내지 못한 분홍빛 사연과
한두 개의 야동과
고린내 풀풀거린 슬픔 몇 켤레도
비밀스레 숨고 있어요

한번 마음 열면 쉽게 속내를 보여주는 순둥이
그러나 살살 다뤄 주세요

자칫 잘못 건드리면
못 말리는 망나니거든요

여행을 즐기다보니
흩어진 생각들을 가지런히 모으는 힘도 생겼어요
널브러진 물건들을
말없이 품어주니깐요

고두 씨와 누룩 씨

술 항아리에는
쪄음 당하고도 맛을 지켜낸 고두 씨와
제 몸에 곰팡이를 키워낸 위대한 누룩 씨가 살아요

차나락 알곡을 다듬어 몸을 만들고
온몸에 골고루 누룩 씨의 흔적을 묻힌 다음
서로의 체온으로 몸을 데워요

콩닥거리는 가슴을 누비처네로 덮고
뽀글거리는 몇 알의 기포들이 열기를 발하면
뜨거운 입김을 토해내며 부글거리기 시작해요

농부 씨의 손가락이 혀끝에 달게 닿으면
가득 채워진 술 항아리에선 사랑의 결실인양 진한 짚풀
냄새가 나지요

장독대가 마주 보이는 고향집 툇마루에 가서
잘 익은 돼지 살코기와 홍어를 묵은지에 얹어
고두 씨와 누룩 씨의 사랑 맛을 맛봐야겠어요

눈에 밟히는

성난 봉분 하나, 아가리를 쩍 벌린다
흙내 진동한 저 큰 입, 사연들이 와르르 쏟아진다
남아 있는 영혼마저 토해내고 팽팽했던 긴장을 내려놓는다
봉분은 시방 이사하는 중이다

물비늘 반짝이는 호수를 늘 그리워했다
물가 허름한 집을 홀로 지키던 먼 일가붙이가
먼저 와 바람 한 자락 쓸어내리고 있다

새로 이사한 스승의 집은 청계동 414번지
삼십 센티미터도 안 되는 원형 흙집이다

제 발로 가셨을까
차라리 정강이뼈로 그냥 남아서
아프게 품어 온 세월 오롯이 추억했으면

자꾸만 눈에 밟히는 초라한 봉분에는
바람이 찍고 간 발자국만 가득하다

동박새 되어 오시려나

동백꽃 흐드러진 장천제 계곡에
하얀 뿔테 안경을 끼고
작년처럼 동박새가 되어 오시려나

뚝뚝, 지천으로 널려 있는
핏빛 맑은 동백꽃 보러
올해도 바람 되어 그분이 오시려나

애먼 담배만 만지작거리는데
문득, 그분이 오시려나

동백 밑동 같은 우둘투둘한 내 손등을 보시고
몹시 언짢아하시면 어쩌나

눈썹이 콩꽃처럼 하야신 그분이
오늘은 붉어져서 오시려나

집밥

집밥에는 겨우내 말린 토란대 두어 단이 들어가 있고 썰어 말린 호박 가지도 있다

집밥에는 아내가 눈짓 기대어 오는 길이 있고

집밥에는 핑곗거리 일삼던 군짓이 다가오지 못하고

집밥에는 아내의 부르튼 손마디가 밥상 밑에 보이는 풍경이 있고

집밥에는 뭣등에도 가보고 싶다시며 여투어 둔 쌈짓돈 삼만 원 선뜻 내주시던 어머니의 휘어진 등이 있다

집밥에는 보고 싶어 발싸심 쳐지는 그리움이 있다

집밥에는,

2부

출구는 있다

-코로나456일째

멈춤,

출구는 보이지 않고
바이러스는
갈기를 휘날리며
가는 곳마다 분란을 일으킨다

가면 속으로 들어간 얼굴이
다소의 체면만 데리고
숨는다

뜯어고친
콧등과 턱 사이
30년 단골 곰탕집이 사라졌다

관계는 빠르게 야위어가고
무관중 운동장에
휑뎅그렁 놓여있는 나는 성가셔도

마스크를 쓴다

별이 그대의 눈에서 다시 살아난다는 생각

별 속에서 보면 별이 보일까

그릇에 담긴 구슬과 별빛 만나는 밤

별들은 지붕과 텃밭과 마당을 덮고
마루에 앉은 내 눈을 덮는다

새벽에 별들을 보내기로 한다

내가 보낸 별들이 어디선가 반짝인다는 생각

산에서 들에서 바다에서
그대의 눈에서 다시 살아난다는 생각

어릴 적 갯돌에서 반짝이던 별들이 뻘밭에 와서 묻힌다

그대가 보낸 별이 내 눈에 눈물로 와닿는다

상강

붉은 속살 드러낸 노을이 질펀하다
말똥말똥한 할머니의 꿈 한 자락이
서재 창틀에 와 붉게 매달린다

호미질 하느라 굽은 등
휘휘 막걸리 저어주던 굽은 검지 손가락
툭 건드리면 쏟아져 내릴 것 같은 검버섯들
불쏘시개처럼 마른 몸
눈빛만 초롱하다

성긴 이빨 사이를 지나가듯
기억은 가뭇없고
햇살은 화단에 가볍게 앉아 있다

휘어진 등에
서리가 하얗게 내린 아침이었다

퇴직하는 단풍

부조기 여백을 채워가는 흘려 쓴 글자들이 시들하다

주머니가 얇아져 허리가 휘는 계절

가슴에 멍울 하나 잡히는 시월이다

주름진 들녘에 허방의 땀방울 맺히고

단풍도 퇴직하고 있다

기우뚱

바다에 드리워져 붉게 물들이는 석양

섬 하나, 바다를 안고 기우뚱거린다

전기 안마기에 앉아 사르르 눈을 감는다

천국이 따로 없다고 느끼는 순간

아내의 뱃속에서 아이가 발길질을 한다

지구가 놀라 기우뚱

아내도 놀라 기우뚱

아내의 배를 쓰다듬는 내 손등이 둥글어져 웃는다

네일 아트
-발톱의 변

상투적인 말로 나를 위로하지 말아요

유실수를 키우느라 자칫
언더독으로 살아갈 뻔했어요

짧은 것도 싫지만 그렇다고 턱없이 긴 것은 더 싫어요

아세톤의 빛깔을 가져본 적이 없는 나는
그 속이 늘 궁금했죠

미세한 긁힘에도 시꺼메졌던, 동굴 같은 그곳을 알아가고 싶어요

그림도 그려 넣고
보석으로 장식도 하고
스티커도 예쁘게 붙일 거예요

방마다 꽃사슴 다람쥐 비둘기를 키우고

매화 난초 국화들로 가득 채울 거예요

치장은 나를 웃게 만들어요

샌들 사이로 고개를 내민 발가락이 활짝 웃어요
민낯을 지우고
진하게 매니큐어를 발라요

조금 더 낯선 나이고 싶거든요

접착제의 생각

발목이 뚝 부러지는 순간,
골절은 단절을 의미하지만 걱정할 일은 아니다

벽과 벽 사이에 틈이 생기면 실리콘이 틈새를 메워 단단해진다

종이와 종이 사이엔 딱풀이, 돌과 돌 사이엔 에폭시가 버티고 있다

누구나 골절과 함께 살아가는 세상, 나에겐 골절이 한 번도 없었다고 둘러댄다면
그것 또한 골절

뼈와 뼈 사이에 얼마나 많은 사연들이 뒤엉켜 있을까

사랑의 아교는 투명하고 물처럼 부드럽고 가까이하면 할수록 더 끈적거린다

사랑이 시작되면 공기는 피할 틈도 없도록 빠르게 뭉친다

더 이상 이별에 부러지지 않게

명치끝에 놓인

흩어진 관계도 일단 포장하고 보는 거야

마음에 꽃을 얹어 주는 일 같거든

그러나 요즘은 자꾸 꽃을 생략하려고 해

축하는
기쁨을 허공에 가득 퍼뜨리고
화려한 옷을 빌려다가 입혀주기도 하는 일이지

케이크의 촛불은 화려할수록 속은 또 썰렁해지기 쉬워

단단하게 매듭을 짓고
그 위에 리본 살짝 얹으면
한 마리 나비가 되지

나비가 날개를 펄럭일 때 그 향기 오롯이 포장 속으로
스며들어

울대를 턱! 막히게 해야 해

포장은 황량한 벌판 위,
추위를 감싸고 도는 소나무 같아

명치끝에 놓인, 뜨거운 촛불 같은

정남진엔 그녀가 있다

분홍빛 바람이
남녘에서 기지개를 켜면
벌들이 유채꽃을 피운다

바다는 밑줄 그어진 수평선

뱃고동 울리면 횟집 앞으로 파도가 출렁거린다

키조개 깨우는 파도 소리와 암소의 걸음소리와 표고버섯에 이슬 맺히는 소리까지
서로 몸 섞으면

삼합이 된다

득량만이 보듬어 내어놓는 남녘의 오묘한 맛

횟집 그녀가 탐진강 상류에서 허연 이 드러내며 웃는다

조용한 강으로 흐르는 그녀의 찰진 눈빛

그 눈에서 짭짤한 갯내음이 풍겨 나오고
된장물회와 바지락회가 그릇에 담긴다

정남진엔

그녀가 있다

뒷짐

삶이 헛하고 외로울수록 뒷짐을 지고 균형을 잡는다

신작로께 허름한 가게에서 손때 묻은 소주잔에 기침 한 번 건네고 공원 놀이터에서 훈수 장기를 두다가 도서관 열람실을 기웃거리고 만 원짜리 아웃도어 진열대 앞에서는 어색한 웃음도 날린다

기침을 대동하고 어슬렁거리면 나더러 거만하다고들 하지만 빈 손이 만져질 때마다 얼른 뒷짐을 진다

낙엽 지는 계절엔 더욱 더

비닐하우스

갈비뼈가 훤히 보여요 투명하고 얇은 옷을 걸쳤군요 해 뜰 때 해 받고 달 뜰 때 달빛 받아 늘 반짝거리지만 비바람 치고 눈발 휘날릴 땐 쥐 죽은 듯 숨을 죽이지요

어제는 당신이 바람에 바들거렸어요 겨울의 흔적은 지워졌지만 바람은 여전히 땅을 헤집고 있거든요 하지만 초록이 자리를 잡으면 가렵기 시작해요
살살 긁어주면 벌렁 누운 강아지처럼 땅은 솔직해져 속내를 마구 풀어놓지요

당신은 동마다 다른 꽃들로 피어나죠, 하트 모양의 다육이도 피고 별 모양의 헤러시아 펀란시도 피고 카네이션 장미 사루비아 국화도 경쟁하듯 일어서죠

한아름 따서 말렸다가 따뜻하게 우려 마시고 싶어요 당신은 러닝셔츠 바람으로 웃고 햇살은 당신의 이 사이에서 반짝이고 있어요

구의역 9-4 승강장에서

탄광 입구에도 화학공장 담벼락 공터에도 올라오던 칸나는

비바람이 몰아치는 간이역 작은 화단에서 목이 꺾인 채
뒹굴고 있었다

학업도 포기하고 입사한 지 겨우 7개월 된 장남이었던
그는

끼니를 거르며 일하고 집에 와, 씻지도 못한 채 지쳐 잠
들었던 열아홉 살 그는

생일을 하루 앞둔 그날도 컵라면으로 끼니를 때우며 바
쁘게 뛰어다녀야 했던 그는

구의역 9-4 승강장에서 꺾인 붉은 입술을 파르르 떨었
다, 꽃봉오리였다

담벼락 공터에서 목이 없는 칸나가 붉게 지고 있었다

허공에서

읍내에서 제일 큰 유리창이 있는 건물을 들락날락거리다가 지난 겨울에서야 겨우 멈췄는데 올 봄엔 허공에 매달려 창문과 창문 사이를 시계추처럼 오간다

허공에선 앉은 것이 앉은 게 아니다
단전을 머리 위에 올려놓고 있는 것 같고
밧줄 끝 작은 의자에 얹힌 하체의 감각이 사라지는 것 같기도 하다

굶주린 허공이 금방이라도 삼킬 듯이 노려본다

비바람이 세차게 몰아치는 날이면
빗방울들이 차창을 냅다 들이받고 주르륵 눈물을 흘린다

사랑하는 마음이 저러할까

저 혼자 부서져 눈물 흘리고 마는

수다는 활짝 떨어야 제맛이다

참새들은 방앗간이 놀이터

바람이 쓸고 간 마당

긴 꼬리 수탉이 볏을 잔뜩 세우고 달려든다

전깃줄로 옮아간 참새들의 수다는 안전하다

바람을 두 발로 움켜잡고 리듬을 타면 전깃줄은 그네가 되고 흔들의자가 된다

한 번 시작한 수다는 좀체 끝날 줄을 모른다

수다는 활짝 떨어야 제 맛이다

수다의 길이만큼 전깃줄이 길어진다

수다 떨던 동무들은 다 어디로 갔을까

마당이 사라지고 들판이 줄어들고 골목의 곡선이 직선으로 모습을 바꾼다

긴 그림자를 끌고 수다가 별빛으로 돋아난다

산밖골

꼴망태 메고 보리밭이랑 더듬던 시절, 텁텁한 막걸리 한 잔에 산다이 젓가락 장단 흥겹고 도리판상 하나 망가뜨려 얻은 사랑으로 삼돌이와 옆집 순이 살판 났었지

물장구치고 썰매 타고 낫치고 자치기하며 환히 웃던 시절

군대 갈 때나 장가 갈 때면 마당에 멍석 깔아 판 벌이고 숱한 밤을 지새웠지

상큼한 흙 내음에 몸과 마음이 영글고 소박한 꿈과 낭만이 넘치는 곳

산밖골[山外洞], 끈끈한 그 정 영원할진대

친구야, 달빛 한아름 안고 풀뿌리 캐던 너와 나

너 없는 그 아린 빈자리, 닭똥 같은 눈물 뚝 떨어질 듯한, 여린 송아지의 슬픈 눈망울로 남아

회색빛 하늘을 이고 서럽게 버티는

휑뎅그렁

산밖골.

용해동 갓바위

파도는 방파제의 등을 타고 솟아올라야
비로소 하얀 갈기를 우아하게 펼칠 수 있습니다
유쾌해지네요, 그 갈기를 마시며 해풍은
물마루 위까지 말간 휘파람을 날려 보냅니다

목포항과 더불어 영혼도 더 맑아졌나 싶을 때
파도는 또 쌈질을 시작합니다
그러나 파도의 쌈질은 매우 신사적입니다
수없이 생겨나 싸우고 소멸하면서도
바닷속 깊은 곳에 진중한 뿌리를 내리고 평화를 지켜냅니다

갈매기가 떼로 몰려와 파도의 각질로 주린 배를 채웁니다

갯바람에 정교하게 빚어진
저것은 갈매기들의 놀이터
생각과 쓰임새가 모양을 바꾸기도 하는
머리를 지배할 줄 아는 영리한 장식입니다
올라 있을 땐 바르고 근엄하지만
가라앉아 있을 땐 비밀스러운 무게감이 돋보이기도 하지요

모자 깊숙이 눌러쓰고
소원 하나를 몸으로 그려낸 시인이 있습니다
돌의 모양은 그의 이름이 되었지만
이름이 되기까지 천년의 세월도 훌쩍 지나갔지요
인내가 필요한 길고도 험한 길이었습니다
꿈은 그렇게 이루어진다네요 용해동 갓바위에서는

복사꽃 필 무렵

봄 언덕은
늘 그윽한 생각들로 가득합니다
보리밭이 주섬주섬 잔설을 챙길 무렵
온몸 훑고 빠져나간 냉기는 어느새 새 옷 갈아입고
햇볕도 한껏 볼륨을 높입니다

4월은 누구의 계절입니까
연분홍은 그리움일 텐데
저리 성급하게 터지는 꽃망울들을 누가 막을 수 있나요

순이네 과수원에도
가는 곳마다 발끝 붙잡고 옹알이를 해 댑니다
옹알거린 정령들 속에서 마음은 이미 신선이 되었지요

예나 지금이나 변함없는 가상의 그림들
꿈꾸는 동안 정말 먼 곳으로 달아나고 있었으니깐요

여기 풍경들을 눈동자에 쓸어 담았습니다
이미 갇힌 풍경들은 갇힌 채로 질서가 됩니다

파릇파릇한 보리밭,
연한 초록은 바람에 쉽게 흔들리기도 하지만
그 위에 아롱거리는 것들
끝내 고요를 지켜내지 못하고 부풀어 오르는
그녀의 가슴입니다

단추

실은 단추를 맞이하기 위해 집을 짓는다

구멍은 유혹으로 가득한 공간
예쁘게 채우려면 손끝이 매워야 한다
야무진 손끝에서 맵시 있게 다듬어진다

실수는 가끔 손끝에서 나온다
자칫 구멍의 순서가 바뀌어 서열이 무너지는 순간
뒤틀린 서열을 누가 다시 바로 잡을 수 있을까

가벼운 생각들을 단단히 고정시킨다
흩어지지 않도록 더 촘촘히 끼워야겠다

너와 나 사이
파고드는 불신

틈새는 아무리 작아도 늘 두렵다
두터운 관계일수록
한 번 금이 가면 회복도 어려우니까

헐렁해진 단추 하나 툭 하고 떨어진다

불멸의 고구마

1

영락없는 고구마다
토굴에서 여물어가는 황톳빛이 돈다
암 병동에는 고구마가 많다
항암 치료를 받는 고구마들이 거울 속에서 배시시 웃는다
슬픔의 줄기가 뻗어나가 긴 복도를 만든다

2

잠실나루역 병원 가는 길목
고구마가 숯불에 통째로 구워지는 모습을 본다
헐렁한 옷 하나 껍질 벗겨지듯 걸치고 몸을 뒤척이던 옆동 고구마가 오늘은 보이지 않는다

구릿빛 고구마가 있던 자리를 사람들이 힐끗거리다가 지나간다
눈이라도 쏟아질 것 같다

3

늦은 밤 몰래 소주 한잔한다
고향이 포개지고
그리운 얼굴들이 잔 속에서 맴을 돈다
텃밭 홍시 같은 고구마 할배가 가만 내게 다가와 속삭인다
자네가 그리워 난 이렇게 눈물을 흘린다네

목 좋은 마트

일 년에
서너 번은
파고 부수고 고른다

감자와 고구마를 심은 한 켠에 바둑이가 꼬리 흔든다

호미 끝으로
못된 놈 솎아내는 재미도 쏠쏠하고
좋은 놈 더 잘 되게 하는
즐거움도 솔찬하다

쫓기는 보름달이 잔구름 베어 먹듯
끼니마다 대바구니 가득하다

상추, 배추, 고추, 가지, 옥수수, 양배추, 부추…

목 좋은 마트다

3부

고소해서 쓰린 것들

잇새에 낀 참깨 한 알이
새벽녘 비집고 나와 톡 하고 씹힌다
고소하다

아침, 오이소박이에 마늘 조각들이 목줄기를 훑고 넘어가자
속이 쓰리다

솔잎으로 살살 저어 노릿하게 볶은 햇참깨 한 줌 싹싹 비벼놓던
할머니 손맛도
칼자루로 쿵쿵 찧어 마늘 향 그득히 다져 넣던
일흔 살 큰 누님도
이젠 뒤껻 기억에서 속이 아리다

쓰리고 아린 한때를 그늘로 가졌는가
뒤뜰을 거닐며
고소해서 쓰린 것들을 생각한다

노가리

베링해에서 왔다
고래 등 같은 너울과 맞장을 뜨고
수면 위로 솟아올라 별들을 훔치기도 했다

아픔은 오로지 그의 몫
삶은 석등처럼 과묵했다
아무리 큰 시련도 베링해의 잔물결에 지나지 않았다

빛깔 고운 고추장에 찍혀 발리기도 하고
입 안에서 허우적대기도 하고
두들겨 맞기도 하다가

몸이 적나라하게 발라질 때, 그는
베링해의 붉은 노을 속에 들어가 환해진다

엎지르다

걸핏하면 엎지른다

먹다 남은 라면 국물을
엎지르고 커피를 엎지르고 탁자 위에
재떨이를 엎지른다

갸르릉 갸르릉 참기름도 엎지른다

엎질러진 분유통
엎질러진 엄마표 청국장
엎질러진 물
엎질러진 조상님 제사상

장난삼아 엎지르는 못된 놈

잡아서 혼내려 하니

거울 속 고양이가 나를 보고 있다

한 생을 엎지르기만 한
내가 갸르릉거린다

단비를 만나다

4월에 태어나
백일도 되기 전에
벌써 많은 것을 아는 아기

할아비 할미도 금세 알아본 듯 눈동자 반짝거리며
내 손가락 꼬옥 잡고
입꼬리 살짝 올려 방시레 웃는
몽실몽실한 손등을 가진 아기

짙은 배냇 향기가 내 품 가득 채우고
아기 온기는 깊은 여운으로 남는다

메마른 가슴
촉촉이 적시는 단비 같은.

루드베키아

자칫 '누드-베키아'라 부르기 쉬운, 누드가 더 어울리는 여름 꽃

주황색 꼭지 하나 달고 수줍어 감추었다가
서서히 벗기 시작하더니 마침내 홀랑 벗고서 서둘러 우산으로 가린다

땡볕 아래 꼭지 익어지면
주황색 치마가 바람에 살랑거리고
꽃씨, 향기처럼 날린다

이날을 위해 수없이 벗어 내 던졌던 시간들

벗어도 부끄럽지 않았다

꽃씨, 하늘을 난다.

달너울 음악회

솔숲 해변에
초승달 익어 물 밀고 오면
속옷 말아 뒤집듯 너울도 함께 오네

색소폰의 '마이웨이'가
달빛 머금은 해변에 물들면
건너편
어린 사슴 같은 섬*에
슬픈 사연들이 어스름으로 잠기네

득량만 언저리 여닫이 해변, 잘피 껍질 벗듯 짠물에 헹구는 달빛

시와 음악이 달빛 물너울에 스미는 곳

너울 바다 결 따라
우리네 빈터
한 폭의 그림이 된다

*소록도-한센병 치료하는 국립소록도병원이 있음.

군왕봉에서 만난 고향

박무(薄霧) 속에 묻혀 바다가 되어버린 마을 뒤로
둥둥 떠 있는 산봉우리
표정이 사라진 지 오래다

어린 딸과 오르는 남녀 한 쌍이 귤 하나를 내민다

윤기 가득한 제주산 귤, 오늘따라 고향이 그립다

먹고사는 일로 틈새를 비집다가
어느 날 고향을 등지고 말았더랬다

냉기 서린 타향살이에 몸부림치기를 수십 번

귤을 입에 넣자 터지는 고향의 육즙

구불거리는 산길을 더듬어 내려오는 나를

군왕봉이 내려다보고 있다

황혼 무렵

시애틀에서 건너온 지인,

혹여 연락올까 맘 졸이는데 이틀이 다 갈 무렵에야 나 피곤할 테니 쉬라는 전화다

배려도 지나치면 배제가 되는 것을

십일 월의 살 떨리는 긴 적막을 알까

빛 잃은 멀건 태양 서산마루 맥없이 넘다가 멀구슬 가지 끝에 덩그렇다

반찬 몇 가지 뚝딱 만들어 서걱대는 저녁을 먹는다

황혼 무렵,

밥알이 입안에서 까끌거린다

나란히 누워

에메랄드빛 바다를 병풍처럼 두른 방
아들네와 우리 내외
그 사이
네 살 아이 하나 나란히 누웠다

아들 코와 닮은 코
마주 대고
코를 곤다
잔물결이 인다
청잣빛 고기를 잡아 달라, 아이스크림 사 달라, 무등 태워 달라
고 떼쓰던 아이

하얗게 부서지는 파도가 와도 세상모르게 나비잠을 잔다

아이와 나란히 누워
바다에서 도달한 잠꼬대를 듣는다

벚꽃

탐진강가에서
유혹하는 고년들을 뿌리치고
벌렁거린 가슴으로 남산에 올랐더니

아, 글쎄 고년들 언제 왔는지
몽실몽실 떼로 모여
흰 가슴 출렁이며 웃어 젖히는디

파란 하늘이 살긋이 막아주지 않았으면
남산이 붕 떠 날아갈 뻔 했어
난 이미 허공에 떠 있었거든

애기단풍

가을을 노래하고 있다

천년을 한 자리에 서서
무언으로 진리를 설파해 온 석등 곁에서
넝쿨 품은 담장이 귀 기울인다

아기 손 단풍이
실가지 하늘거릴 때마다
손을 흔들고

동자승이 먼 산을 바라보다가
눈시울이 빨개진다

무논의 잔소리

기일이면 개굴개굴, 가만히 있질 못하고 튀쳐 나와 밤새 울어 댄다

무논에 흩뿌려진 불규칙 멜로디에
풀벌레들도 소리를 접고
소나기도 잠시 호흡을 멈춘다
논물이 글썽댄다
온 동네 불빛들이 무논에 와 어룽거린다

귀에 못이 박힌 어머니 잔소리 같은

그 소리에 취해 밤새 마루에 앉아 듣고 있었다

엉거주춤

우렁찬 첫 울음소리 들리더니 뒤집고 기고 서고 걷는다

유치원 초등학교 중고등학교 입시전쟁 치르고

군대에 다녀오자 졸업을 앞두고 취직 걱정

서른을 콩 까먹듯 먹어 치우고 결혼은 뒷전인데 집값만 오른다

늦게라도 짝을 만나 하나만 낳아 줘도 고맙고 둘 낳으면 더 좋고

한마디 하려다가 어깨 그늘진 아들 뒷모습에, 엉거주춤

달빛 흐른 띠밭에는

보리쌀 서너 됫박 이고 나가
곱게 말린 띠 뭉치 서넛 이고 온 당신
동지섣달 긴긴밤, 한이 서린 울림으로 발장을 치신다

굽고 해진 손마디에 실 감아 넘기면
잘릴 듯 욱신거린 아픔도 참아
쌓이는 김 발장

서울 길 떠나는 아들 손에
꼬깃꼬깃 구겨진 만 원 한 장 쥐어주시며
아픈 손 흔드시던
텃밭 모퉁이 띠풀 같던 모습

뒤늦게 찾아온
달빛 흐른 띠밭에선
어머니 발장 치는 소리가
언 가슴을 친다

군왕봉

무등산 천·지·인왕봉 곱게 흘러 겹겹이 에운 능선, 그 산 발치에

외롭게 떠 있는 군왕봉

이웃 장원봉도 바탈봉도

쉬이 곁을 내주지 않네

외로움은 군왕의 몫이라는 듯

더 외롭고 아픈 이들을 다독이는 자리에 있어야 한다는 듯

군왕은 시리고 아픈 이들을

말없이 품어 안네

뜰안 풍경

파다닥 날아오른 참새 떼 뒤로

잠자듯 가시고 싶다는 구순 어미의 바람이 바람처럼 스며있는 그곳은
풀도 나무도 공기도 낯익은 텃밭

한쪽에는 닳아 번들거린 호미 자루가 세워져 있고
한쪽 다리가 아픈 할미의 헌 밥상이 앉아 있다

가지마다 수액을 밀어 올려
꽃을 피우고 열매도 맺은 석류나무 한 그루가 뜨락을 바라보며

보슬비를 맞고 있다

다 내어주고

나는 따 먹고
새들은 파먹고

그물을 씌워 익은 것만 골라 먹고
새들은 익은 쪽쪽 쪼아 먹고

시시로 한두 개를 간식으로 먹고
새들은 끼니때마다 밥으로 먹고

새들이 훑고 간 뒤에는 늘 그물에 뺑 뚫린 자국이 남아 있다

어머니처럼
쭈글쭈글 처진 가슴 쥐어짜던
무화과 우듬지가 흔들린다

다 내어주고 가벼워진 탓이다

된장국을 끓이다

멸치 한 주먹을 넣고
된장을 금빛으로 풀어놓는다

물이 끓어오르자 토닥거리다가 열을 받자 씩씩거리다가
부글부글 튀어오른다

불을 끄자 폭풍이 지나간 풍경 같다

아버지의 모습이었을까

한 시절 뜨거운 열기 속에서 일곱 자식 키워 낸 아버지는
아시겠지

육수 한 모금 넘기다가 목이 메인다

4부

집 나가는 것도 잊어버리고

부부 싸움하다가
집 나간 아내
아이가 눈에 어른거렸는지 그예 돌아와
아이 보듬고 한참을 울고 있다

엄마보다 더 슬피 우는 아이에게 왜 그리 서럽게 우느냐고 물었다

-아빠하고 이제 자장면 못 먹는 거야?

아내는 웃다가 울다가 집 나가는 것도 잊어 버리고

우리는 그날, 짜장면 곱빼기를 먹었다

천관산

정남진 바닷가에 가면
솟은 바위들을 품고 있는 산이 있다

남녘 짠 갈바람에 몸 씻고
한겨울 통째로 건너오는 눈보라를 견뎌내며
동녘의 햇살을 받아 안은 산

건너 쪽 능선 길에 누운 듯 서 있는 떡갈나무 잎 같은 바위에
사람들이 위태롭게 올라서는 산

나도 한때는 저리 위태로웠다

이제 부끄러움을 앞세우고 산에 든다

산은 나를 다듬어 일으켜 세운다

송홧가루

군왕봉 오르는 산 중턱에서
등받이 의자에 앉아
목을 한껏 뒤로 젖힌다

하늘이 쫘악 집중을 한다
목덜미가 시원하다고 느낄 때쯤
햇살이 내리 꽂힌다

소나무 우듬지가 나무초리마다 전짓불을 켜고
아래를 살피는데
바람이 흔들어대는 바람에
황금가루가 쏟아져 내린다

햇살인 줄만 알았다

두 눈을 질끈 감아 보지만
가루 하나가 악몽처럼 들어와
동공을 건드린다

해마다 이맘때 소리 없이 와서
며늘아기 콧속도 후벼 판다, 못된 것
저 송홧가루를 확 송환해 버릴까

아픈 이별이 없도록

처음 나를 만날 땐
이름만 말해다오
또다시 만나면
사는 곳만 일러다오
혹시 명함을 주려거든
출신 내력이 빈 명함을 주어
겪어 알아가게 해 다오

함부로 폄하하지 않고
가슴으로 말귀가 트일 때까지

손만 잡아도 촉촉이 전해지는 언어들을
온몸으로 느낄 때까지

멀리 있어도 그 온기 바람으로 다가와
눈동자에 거울처럼 겹칠 때까지

서로를 갈구하게 해 다오
나를 만날 땐 부디
아픈 이별이 없도록

절구통

가슴에 주먹질인가

퍼렇게 멍이 들어도

그것이 내가 사는 일이어서

온몸으로 주먹을 받아 들여

허기진 사람들의

한 끼 밥상을 차린다

생을 끌다

비가 내린 날,

이불집 앞을 지나가는 할머니가

젖은 박스를 줍는다

물먹은 박스의 무게에 휘어진 허리가

적금처럼 리어카에 쌓인다

마른 명태처럼 가벼운 할머니

리어카의 무게가 무거울수록

소똥구리처럼 제 생을

잘도 끌고 간다

3을 뺀 100살의 풍경

연탄내가 참기름 향처럼 고소하고
가스불이 모란꽃처럼 이쁘다
휘발유가 소주처럼 달고
비누를 쑥떡처럼 자신다
지금과 가장 먼 곳의 기억으로 간다

태아처럼 웅크린 채 몸을
말리고 있다

껌벅껌벅 물방울을 밀어내다가
하얀 길을 건네다 보신다

또 찌르네

티브이에서
임상실험 결과 안전하다고 찌르고
유명 인사가 앞장서 접종했다고 찌르고
채널마다 따라다니며 찔러댄다

움켜쥔 살 속으로
선명하게 파고드는 주삿바늘

믿음이 깨지면 더 확실한 믿음이 필요한가

바늘 끝에서 기척도 없이 만들어지는
이 의심
언제쯤 시원하게 걷힐까

내 가거든

부디 사기 항아리에 몸과 영혼을 가두려 하지 말고 창호지로 싸고, 무명천으로 감아, 흙으로 돌아가게 해 다오

천관산 양지바른 곳, 사람의 요량으로 어찌할 수 없는, 바위 뿌리쯤으로 돌아가 풀잎 되어 하늘거리게 해 다오

바위 타고 흐르는 빗물에 몸 씻고 한겨울 죽은 듯 이울다 봄이 되면 파릇이 고개 들어 고향 하늘 우러르게 해 다오

산국화, 산나리, 노루, 토끼가 오가는 넉넉한 품에서 마침내 향기처럼 사라지게 해다오

한파

첫아이가
걸음마를 시작하던 날
첫눈이 내리고
가게도 문을 열었다
몽실몽실
피어오른
시루떡을 돌리면서도
손 시린 줄 몰랐다
김밥 가게 문지방은 안으로 밖으로
쉼 없이 사람이 오갔다
닳아 없어질 것 같았던 문지방에
거미가 발을 치기 시작했다
사람의 밥줄이 거미의 밥줄로 바뀌는 시간은
채 삼 년도 걸리지 않았다
광화문 광장에 첫눈이 내리는 날
코로나19가
한파로 몰아쳤다

겨울에 모기장을 치다

세한(歲寒)에
삼중 창문을 뚫고 들어온 내공으로 앵앵거린다

딸은 두 손 벌려 쫓고 나는 접이식 모기장을 쳤다

자려고 할수록 더 선명해지는 날 선 소리

달려드는 녀석을 막아주는 건 모기장뿐

이젠 조바심이 나는지 소리가 더 커져 막 잠 깬 내 앞으로 달려온다.

탁,
고요하다

군림하는 모자

나는 맨 위에서 군림하기를 좋아해
위에 올라 있으면 모두가 우러르고
얼굴만 살짝 치켜들어도 정중하게 머리를 조아리지
행여 바람에라도 날릴세라 보디가드가 된 두 팔이 늘 긴장을 해

꼭대기에 의젓하게 앉아
비가림 차양이 되기도 하지

얼굴이 둥글고 점잖게 보이는 나는
결혼식장이나 행사장에 가면 다들 예를 갖추지만
야구장이나 볼링장에 가면 비웃거나 외면당하기 일쑤야
그 곳엔 이마까지 푹 눌러 쓴 긴 챙의 어린 친구들이 인기거든

위에만 머무를 줄 알았어
그곳이 내 자리인 줄만 알았어
위에 있던 나는, 다 해진 나는
어느 날 아래로 아래로 무너져 내렸어

모자가 아닌, 하늘이 아닌, 그 누구도 아닌
색 바랜 헝겊 조각에 지나지 않았어

추락하는 순간
외톨이가 된다는 걸 몰랐어

난장판의 고요

고요가 일렁인다
느티나무 초록으로
물들인 남풍따라
본분도 잊은 채
이파리 하나 데리고
오월의 고요는 하얗게 일렁인다
아카시아꽃 흐드러진 산길이 하얗고
이팝꽃 나부끼는 5.18 민주묘지 길이 하얗다
몽실몽실 하얗다
오월의 하얀 고요는 자유를 생산한다
자유로이 일렁이는 고요가
초록의 고요를 낳고 황금빛 고요를 낳고
다시 새하얀 고요를 낳아 일렁인다
고요는 모든 것을 감싸 안으면서도
유독 바람에게는 약한 것
그냥 일렁이는 고요는 고요가 아니다
마음도 함께 일렁이게 하는 고요
자유 앞에 자유롭게 일렁이게 하는 고요
그러나 못나게도

나의 사랑하는 여자에게만 와서
난장판이 된다

정남진 등대

백구두에 하얀 중절모를 쓰고 바닷길 헤맬 때 있었지

나를 지탱해 준 하얀 지팡이는 시방 파도가 밀려오는 바닷가 툇마루에서 봄 햇살에 몸 풀고 있겠지

하얀 몸으로 파도를 두드리는 소리가 바람에 실려 가기도 했지

파도가 갯바위 쓸어가는 소리를 듣는다

지팡이가 서 있는 고향을 돌아본다

오늘은 잠 못 드는 밤이 하얗다

음습한 벽에 곰팡이 피듯

그리 뜻밖의 일이 아니지요

음습한 벽에 곰팡이 피듯
마음이 젖은 벽엔 이기심과 거짓말이 피어나죠

깨어진 유리벽에는 날카로운 마음 날이 숨겨져 있어요
벽과 벽 사이에
오래도록 썩지 않는,

바닥에 침을 뱉고 그 위에 또 뱉고
코앞까지 들이미는
무뢰배의 마음

무례가 무례인 줄도 모르는
무뢰배가 나일지도 모르는

불안한 밤

어둠을 뒤집어쓴 도둑이 눈을 번득인다
우한 은행은
눈이 먼 경비원과
짖지 않은 맹견이
금고를 지키고 있었다
비밀번호는 버젓이 10 자릿수 번호를 제 몸에 새겨 놓았다
도둑은 너무 쉬워 오히려 접근이 망설여졌다

빗장이 벗겨지는 순간
문은 삐거덕 소리를 냈고
철장은 한번 흔들렸으나 이내 코를 골았다
금고를 턴 도둑이
어둠으로 길을 건너가다가
너무 쉬운 도둑질에 자존심이 무너져
훔쳐 온 물건들을
거리에 지폐처럼 뿌렸다

이 밤, 불안하다
마스크를 쓰고 지폐가 날리는 거리를 바라본다

위태롭게 걸렸다

담벼락 위, 길고양이 두 마리. 전어 한 토막을 두고 팽팽히 맞서고 있다 한참이 지나도 팽팽한 줄이 늦춰지지 않는다

남자는 시골에서 살고 싶고
여자는 도시에서 살고 싶다

한놈이 앞발을 들어 할퀴려다가
반격을 받고 몸을 웅크린다

겁도 없이 긴장의 끈을 당기다가 역공에 혼쭐이 난다

담벼락 위에 남자의 작은 꿈 하나가
위태롭게 걸려 있다

온통 하얗게

내 손에 이끌려 다니면서도 그녀는
나보다 한 발 앞서 나서기를 좋아한다

얼굴이 둥근 친구들과 자주 호흡을 맞추지만

자지러진 웃음과
앙칼지고 야무지게 끊어대는 소리에 압도된다

국화축제장에서 사람들은 그녀에게 열광한다

나를 앞세우고 자근자근 밟아 가면
자석에 끌리듯 줄이 되고

호두알 굴리는 소리만으로도
엉덩이가 덩실덩실거린다

나쁜 기운을 모아 한바탕 두들겨 날려 보내면

이 사이가 숭숭 뚫린 구절초도 한껏 웃어 제낀다

꽃들이 온통 하얗게 뒤집어진다

더운 심장 하나가

아내가 집을 비우자

아들이 출근한 뒤 한참 만에

먹다 남은 국물에

식은 밥을 말았다

더운 심장 하나가 줄곧

그릇을 맴돌았다

| 해설 |

시적인 상상과 사유의 겹으로 지어낸 '정'의 풍경

강대선 (시인)

시적인 상상과 사유의 겹으로 지어낸 '정'의 풍경

강 대 선
(시인)

시인에게 지금 시를 짓는 순간은 과거와 현재와 미래가 겹쳐 있는 겹의 시간이다. 지금 우리의 현실은 시적인 상황에서 바라본다면 '지금 여기에서 사실로 일어나는 일과 사물', '실제 객관적으로 현존하는 존재', '원본에 해당하는 무엇'이 된다. 다시 말해 '지금'은 현재와 과거, 미래가 겹쳐 있다. 현재는 과거로부터 오는 것이며 현재는 미래의 한 부분이다. 그러므로 시인에게 이 순간은 다른 순간들과 독립해 존재하는 시간이 아니라 많은 시간과 겹쳐 있는 시간이다. 이 시간에 얽힌 시인의 상상은 무한히 펼쳐진 한 겹인 동시에 또 하나의 겹을 창조하는 일이다.

한 사람이 떠나간 작년과 또 한 사람이 왔던 작년은 떠남의 시간이기도 하고 만남의 시간이기도 하다. 우리는 떠남과 만남의 겹으로 오늘을 산다. 미래 또한 마찬가지이다. 누군가는 나를 위해 오고 또 누군가는 떠나갈 것이고 우리 또한 떠남과 만남의 대상이 될 것이다.

한봉준 시인은 이러한 만남과 떠남을 관조하면서 그 속에 깃든 고향을 떠나 다시 고향을 만나고 고향으로 돌아온다. 그 과정에서 사랑하는 사람을 떠나보내기도 하고 다시 사랑하는 사람을 맞이하기도 한다. 그 시간의 겹에서 시인의 시가 새롭게 태어난다.

시인이 먼저 찾아간 곳은 장흥이다. 장흥에서 오래 살아왔고 관직에도 몸을 담았던 이력 때문이기도 하겠지만 장흥은 시인의 서정의 뿌리가 자리한 곳이기 때문이다. 장흥이 길러낸 문인들의 이름은 셀 수 없을 정도니 그만큼 장흥은 시적인 에너지가 충만한 곳이라 할 수 있겠다. 이곳에서 시인은 자신만의 세계를 구축해 나간다. 그가 말하는 서정은 하나의 감정이 이루는 풍경이 아니라 두 개의 감정이 서로 팽팽하게 잡아당기는 긴장이 겹으로 자리매김한 풍경이다. 고향을 노래하면서도 시대의 불안을 이야기하고 바다를 이야기하면서도 산을 이야기한다. 그러나 이 두 개의 대상은 대척점에 있는 것이 아니라 오히려 조응하고 있다.

우리가 사는 현대는 변화와 욕망으로 가득 찬 속도의 시대이다. 이 변화와 욕망과 속도의 시대에 놓쳐버린 것들을 길어 올리는 시인의 손끝에는 아등바등 차오르는 땀방울이 맺혀 있다. 혼자 편히 살아갈 것을 궁구하지 않고 시대와 삶 속에 참여하는 자세를 견지하고 있기 때문이다. 시인이 생각하는 이상은 대동 세상, 즉 함께 어울려 사는 세상이기 때문이다. 겹과 겹이 만나 함께 영글어가는 세상을 꿈꾸기 때문이다.

따개비와 고둥이 총알처럼 박혀있고 거북손과 담치가
물의 세기와 깊이를 가늠하며 체중을 불린다

우대미에선 바위옷 갈매꽃이 파도의 갈기를 맞으며
살고 알대미에선 파래 톳 모자반 우뭇가사리 돌김 삿갓
조개들이 붙어산다

갯강구들이 바람의 속도로 질주하고 웅덩이에 빠진
해삼과 문어를 구출하면
파도가 하얗게 머리칼을 세우고 달려와 갯바위 볼때
기를 후려친다

얽은 살갗 구멍구멍 묵은 때를 씻어내고 선도를 유지
하면 삶은 맞아가며 영글어지는 거라고 미역귀 하나가
꼬리를 살랑거리며 다가온다

해질녘이면 영롱한 저녁놀을 만나고 춤추는 바다 분
수의 감미로운 선율을 가슴에 담고 은갈치 떼가 줄지어
피워 올린 불빛 황홀한 수평선

볼락이 붉으락 붉으락 올라올 때마다 각자 은밀한 내력으로 기적을 일궈낸다고 빙그레 웃는다.

까까머리 나의 형이 낚싯대를 드리우고 볼락을 유혹한다

-「갯바위 얽은 살갗 구멍구멍」 전문

시인이 꿈꾸는 삶은 시간의 어느 겹 사이에 있을까. 시인은 구멍으로 고향의 모습을 재현해 놓는다. 이 시에 등장하는 따개비, 고둥이, 거북손, 담치가 눈에 선한 곳, 우대미에서는 "바위옷 갈매꽃"이, 알대미에서는 "파래 톳 모자반 우뭇가사리 삿갓조개들"이 서로 붙어산다고 한다. 옹기종기 모여 사는 우리네 삶과 다르지 않다. 이곳에서는 고독사도 없고 고독한 군중도 없다. 모두 한 식구이기 때문이다. 갯강구와 해삼과 문어가 사는 갯바위, 때론 파도가 볼때기를 후려치기도 한다. 갯바위는 파도에 볼때기를 하도 많이 맞아 "얽은 살갗 구멍구멍"나 있다. 갯바위의 모습을 이처럼 감칠난 음악성으로 드러낸 시도 드물 것이다. 그 모습을 시인은 "삶은 맞아가며 영글어지는 것이라고" 말한다. 삶은 이처럼 세상의 풍파에 맞아가며, 시간의 파도에 맞아가며 영글어지는 것이라고 풍경 속에 가만히 끼워 넣는다. 해질녘 노을과 춤추는 바다의 선율과 은갈치 떼가 몰려오는 수평선은 말 그대로 "황홀"하다. 황홀한 기적의 순간을 시인은 고향의 해질녘에 맛보고 있는 것이다. 잊지 못하는 풍경 하나가 가슴 깊이 박힌 것이다. 그곳에는 "까까머리 나의 형이" 낚싯대를 드리우고 있다. 시인은 아름다운 고향 풍경에 형이라는 그리움을 고명처럼 얹어놓았다. 바로 과거로부터 오는 겹이 지금 시인과 만나는 시간이다. 다시 생각하면 하나가 곧 전체이고 전체가 곧 하나이다. 일즉다 다즉일(一卽多多卽一)의 세계이다.

장흥의 석대는 순박한 달빛 아래 엎드린다

대나무 숲에 앉아 도란거리는 별빛이나
침묵하는 석대의 암벽이나
모두 순박함으로 엎드린다

드넓은 석대들 알 털린 볏짚을 가만히 만지면
흰옷들이
늦가을 햇살에 너울거린다

칼바람이 속울음으로 몰려올 땐
대나무 잎처럼 사운 대기도 하고
아득히 화살 되어 날아가기도 하고
끝없는 함성으로 자지러지기도 하다가

석대 틈새마다 피어나는 국화꽃 곁에서
절규의 자세로 엎드린다

석대 휘감아 도는 바람을
한 겹 한 겹씩 벗겨내며
총칼에 맞선 죽창의 자세로
장흥의 석대는 엎드린다

-「석대는 엎드린다」 전문

장흥은 바다로만 유명한 것이 아니라 역사적인 의미로도 중요한 의미를 지니는 곳이다. "칼바람이 속울음으로 몰려올 땐 /대나무 잎처럼 사운 대기도 하고/ 아득히 화살 되어 날아가기도 하고/ 끝없는 함성으로 자지러지기도 하"는 곳이다. 시인은 장흥의 올곧은 정신을 시에 가져온다. "총칼에 맞선 죽창의 자세로/ 장흥의 석대는 엎드린다"를 통해 시인은 어떤 불의에도 타협하지 않은 장흥의 정신을 '죽창의 자세'라고 표현하고 있다, 다시 말해 시인의 고향은 바다와 문학과 저항의 정신이 살아 있는 곳이고 시인의 추억과 그리움이 함께 배어 있는 곳이다. 이러한 장흥의 이미지는 시인에 의해 여러 가지 이미지로 변주된다. "키조개 깨우는 파도 소리와 암소의 걸음 소리와 표고버섯에 이슬 맺히는 소리까지/서로 몸 섞으면/삼합이 된다/ 득량만이 보듬어 내어놓는 남녘의 오묘한 맛/횟집 그녀가 탐진강 상류에서 허연 이 드러내며 웃는다"(「정남진엔 그녀가 있다」), "금빛으로 빛나는 마음아/ 내 고향 고샅길에 밤꽃이 피었겠다"(「가시의 속살」), "정남진 바닷가에 가면/ 솟은 바위들을 품고 있는 산이 있다"(「천관산」) 등을 통해 그리움을 정서를 한층 더 아름답게 드러냈다. 산과 바다는 그리고 고향과 타향은 서로 깊은 연관을 맺고 있는 세계 속에서 하나하나 개별화되고 떨어져 있는 것이 아니라 시인의 세계 속에서 영원히 불멸하는 회귀이자 현실을 살아가게 하는 힘이 된다.

잇새에 낀 참깨 한 알이
새벽녘 비집고 나와 톡 하고 씹힌다
고소하다

아침, 오이소박이에 마늘 조각들이 목줄기를 훑고 넘어가자
속이 쓰리다

솔잎으로 살살 저어 노릿하게 볶은 햇참깨 한 줌 싹싹 비벼놓던
할머니 손맛도
칼자루로 쿵쿵 찧어 마늘 향 그득히 다져 넣던
일흔 살 큰 누님도
이젠 뒤꼍 기억에서 속이 아리다

쓰리고 아린 한때를 그늘로 가졌는가
뒤뜰을 거닐며
고소해서 쓰린 것들을 생각한다

-「고소해서 쓰린 것들」 전문

"잇새에 낀 참깨 한 알이 새벽녘 비집고 나"오자 잠결에 씹었던 모양이다. 그런데 그 맛이 "고소하다". 이 고소함과는 대조적으로 "목줄기를 훑고 넘어가자/ 속이 쓰리다"를 배치해 놓는다. 시인이 생각하기에 세상은 고소하고도 쓰린 곳이다. 이러한 생각은 회상을 통해 확장된다. "햇참깨 한 줌 싹싹 비벼놓던 할머니 손맛"의 고소함도 "칼자루로 쿵쿵 찧어 마늘 향 그득히 다져 넣던 일흔 살 큰 누님"의 쓰린 맛도 이제는 기억 속에서 모두 하나로 비벼진다. 세상의 쓴맛 고소한 맛 단맛도 기억의 뒤끝에서는 아리다. 그들이 모두 가고 없기 때문이다. 그러니 삶은 고소하다고 해서 고소한 것이 아니고 쓰다고 해서 쓴 것이 아니고, 지나 보면 저마다의 그늘을 가진 맛으로 남는 것이다. 그 그늘이 그리움이 아니겠는가. 시인의 뒤뜰은 고소해서 쓰고, 써서 고소한 사유의 겹이다. 다시 생각하면 고소하고 쓴 것도 겹이 만나는 일이다. 이처럼 쓰다는 것을 잘 드러내는 것은 단 것 때문이고 고소함을 드러내는 것 또한 쓰고 신 맛을 통해서 오는 것들이다. 이러한 사유의 겹은 하나로만 존재하는 것이 아니라 서로 만남과 헤어짐, 또는 다시 소멸과 성장의 과정을 통해서 이루어진다. 현재는 하나의 겹이 아니라 모순의 겹이 서로의 존재를 일깨워주는 만남을 통해 이루어진다. 이러한 사유 속에서 만나는 어머니의 모습을 빼놓을 수 없다.

연탄 냄새가 참기름 향처럼 고소하고
가스불이 모란꽃처럼 이쁘다
휘발유가 소주처럼 달고
비누를 쑥떡처럼 자신다
지금과 가장 먼 곳의 기억으로 간다

태아처럼 웅크린 채 몸을
말리고 있다

껌벅껌벅 물방울을 밀어내다가
하얀 길을 건네다 보신다

-「3을 뺀 100살의 풍경」 전문

어머니의 세계는 이분법으로 나누어지는 세계가 아니다. "연탄 냄새가 참기름 향처럼 고소하고 가스불이 모란꽃처럼 이쁘다"를 통해 어머니의 치매가 오히려 선의 경지에 든 것처럼 표현했다. 이 또한 시인의 시적 능력으로 아흔일곱의 어머니를 3을 뺀 100살의 풍경으로 묘사한 것으로도 독자에게 새로움을 준다. 그 나이에 어머니는 "휘발유가 소주처럼 달고 비누를 쑥떡처럼 자시는" 경지에 이르게 된 것이고 기억을 지우는 나이가 된 것이다. 그 어머니가 다시 시간과 기억을 거슬러 올라가 "태아처럼 웅크린 채" 있는 모습을 시인이 본 것이고 이제 마침내 자신이 왔던 곳으로 돌아간다는 것을 "하얀 길을 건네다 보시는" 모습으로 그려놓았다. 이러한 어머니의 그리움과 이미지는 "기일이면 개굴개굴, 가만히 있질 못하고 튀쳐 나와 밤새 울어 댄다"(「무논의 잔소리」), 평생 굽힘 없이 살아온/ 그녀의 생각은 자꾸만, 자꾸만 뒤로 굽혀집니다/ 성깔을 내려놓아야 편해진다는 것을/ 아흔아홉 늦은 가을에야 깨닫습니다"(「너싱홈」), "내 등을 밀어주는/ 영락공원 잔디밭 길을 걸으시던/ 어머니 발걸음 소리 같은"(「내 곁을 떠나지 않는」) 등을 통해 드러내고 있다. 어머니는 어머니로 고정된 사유의 존재가 아니라 과거와 현재의 어머니가 겹쳐진 '어머니'의 존재로 만나게 된다. 어머니의 색깔이 '빨, 주, 노, 초, 파, 남, 보'처럼 다양하게 변주되고 이 기억의 겹에서 어머니가 시인의 '지금'이 되어 있는 것이다. 어느 모습이 진짜 어머니의 모습인가. 개별화된 어머니들이 모여 전체를 이루는 '어머니'라는 기억의 겹을 만들고 있다. 이 겹이 겁(劫)으로 쌓일 때 새로운 세상이 열리는 것이다.

> 박무(薄霧) 속에 묻혀 바다가 되어 버린 마을 뒤로
> 둥둥 떠 있는 산봉우리
> 표정이 사라진 지 오래다
>
> 어린 딸과 오르는 남녀 한 쌍이 귤 하나를 내민다
>
> 윤기 가득한 제주산 귤, 오늘따라 고향이 그립다

먹고사는 일로 틈새를 비집다가
어느 날 고향을 등지고 말았더랬다

냉기 서린 타향살이에 몸부림치기를 수십 번

귤을 입에 넣자 터지는 고향의 육즙

구불거리는 산길을 더듬어 내려오는 나를

군왕봉이 내려다보고 있다
-「군왕봉에서 만난 고향」 전문

장흥을 떠나 광주에 온 시인이 하는 일은 산에 드는 일이었다. 바다와 산은 모두 너른 품을 지녔다. 시인은 군왕봉을 오르면서 안개 속에 떠 있는 산봉우리를 바라본다. 그 순간 "어린 딸과 오르는 남녀 한 쌍이 귤 하나를 내민다" 다 벗기지 않고 반쯤 벗긴 것은 상대를 배려한 행위이다. 이 손길에서 따뜻함을 느낀다. 타향이 아무리 따뜻해도 고향만 하겠는가. "고향의 육즙"을 맛보고 구불거리는 산길을 더듬어 내려온다. 구불거리는 길이 살아온 인생길 같다. 군왕봉이 나를 내려다보고 있다. 어디를 흘러가도 고향이 따라오니 인생이란 참 알다가도 모를 일이다. 이러한 군왕봉의 이미지는 "군왕은 시리고 아픈 이들을/말없이 품어 안네"(「군왕봉」), "마음이 허전할 때면 영혼을 탁자에 올려놓고 /노을 속에서 어머니를 뵙는다"(「그 빵집」) 등을 통해 군왕봉은 시인의 일상에서 중요한 부분이자 깨달음과 그리움을 드리우는 공간임을 알게 된다. 군왕봉은 하나의 실체이자 의미이다. 군왕봉 자체로는 아무런 의미도 갖지 못한다. 군왕봉은 어떻게 바라보느냐에 따라 천차만별로 달라진다. 다시 말해 시인이 말하는 군왕봉은 시인이 오르는 시간의 겹과 내려오는 시간의 겹, 그리고 사유의 겹이 하나로 겹쳐서 의미를 지닌다.

스피드를 제압하는 얼룩무늬 목줄이다
수많은 바퀴자국에 치어, 죽은 듯 있다가도
초록으로 선명히 되살아나
사람들의 발길을 재촉한다

그러나 멈춤의 순간에도
줄지어 선 기계들의 심장은 사납게 벌렁댄다

초록이 깜박거릴 땐
당장이라도 멈춤을 해제할 기세다
허우적거리는 노파의 발길에
핏기 잃은 지팡이가 성호를 그어 댄다
건너가기 위한 혼신의 몸짓이다

건너편 눈동자가 핏발을 세우며 노려본다

빨강은 안 된다 하고 깜박거린 초록은 기다리라 한다
아슬아슬, 팽팽하다

-「말바우시장 앞 사거리 교차로」 전문

세상은 "스피드"로 가득하다. 아침에 주문한 것이 저녁에 배달되니 가히 놀라운 속도의 진화이다. 이런 "스피드"를 제압할 "얼룩무늬 목줄"은 사람을 보호하기 위한 마지노선으로 보인다. 시인은 그 이유를 "수많은 바퀴 자국에 치어"에서 드러낸다. 이 세상은 스피드의 바퀴에 치여 지금도 상처를 입고 죽기도 하는 것이다. 욕망 때문이다. "초록 눈빛이 깜박거릴 땐/ 당장이라도 멈춤을 해제할 기세"다. 이러한 스피드 앞에 놓인 현대인들은 "허우적거리는 노파의 발길"이다. 스피드에 속수무책인, 따라갈 수 없는, 따라잡을 수 없는 시인의 소외감이 내비치고 있는 지점이다. 하지만 시인은 포기하지 않고 "건너가기 위한 혼신의 몸짓"을 포기하지 않는다. 시인의 의도는 "핏기 잃은 지팡이가 성호를 그어 댄다"를 통해 형상화된다. 우리의 삶은 이처럼 속도에 치이면서도 속도를 건너가기 위해 몸부림쳐야 하는 시대에 사는 것이고 이것은 '성호'를 긋는 절박한 지점에까지 와 있다는 것을 의미한다. 지금은 "아슬아슬하고 팽팽"한 사이이다. 더는 바퀴에게 목숨을 내어줄 수는 없기 때문이다. 스피드는 현대인들을 위협하는 물질주의와 인간의 욕망을 대표하는 확장된 시어가 된다. 현대

사회는 욕망의 겹을 지닌 공간이다. 시인에게 현대는 속도의 겹과 욕망의 겹, 그리고 소유의 겹이 함께 똬리를 틀고 있는 공간으로 형상화된다.

어둠을 뒤집어쓴 도둑이 눈을 번득인다
우한 은행은
눈이 먼 경비원과
짖지 않은 맹견이
금고를 지키고 있었다
비밀번호는 버젓이 10 자릿수 번호를 제 몸에 새겨 놓았다
도둑은 너무 쉬워 오히려 접근이 망설여졌다

빗장이 벗겨지는 순간
문은 삐거덕 소리를 냈고
철장은 한번 흔들렸으나 이내 코를 골았다
금고를 턴 도둑이
어둠으로 길을 건너가다가
너무 쉬운 도둑질에 자존심이 무너져
훔쳐 온 물건을
거리에 지폐처럼 뿌렸다

이 밤, 불안하다
마스크를 쓰고 지폐가 날리는 거리를 바라본다

-「불안한 밤」 전문

코로나19로 우리의 삶은 강제적인 변화를 맞이한다. 현대인들은 "어둠을 뒤집어쓴 도둑"이 해 년마다 우리를 찾아올 것이라는 '불안'을 안고 살아가야 한다. 우리는 우리의 과학 문명을 맹신하고 있지 않은지 시인은 물어본다. "너무 쉬워 오히려 접근이 망설여"지는 사회, 제도, 문화, 과학이 아닌가. 바이러스 하나로 전 세계의 빗장이 열리고 삶이 강제적인 변화를 맞이하는 시대. "이 밤, 불안하다"라고 말하는 시인의 가슴에 어둠이 내려앉는다. 지금 현대인들이 당면한 문제는 과거로부터 기인한 겹의 문제라고 할 수 있지만, 그 문제를 풀 기회는 지금이라는 순간이다. 다시 말해 모든 것을 바꿀 가능성이 있는 시간은 과거가 아닌 현재에 있기 때문이다. 시인은 이 불안을 이겨내는 힘은 불안에 떠는 것에 있지 않고 오히려 삶을 사랑하는 곳에 있다는 것을 깨닫는다. 바로 오밀조밀한 삶을 향한 애정이다. 사유의 겹을 달리 하는 것이다.

부부 싸움하다가
집 나간 아내
아이가 눈에 어른거렸는지 그예 돌아와
아이 보듬고 한참을 울고 있다

엄마보다 더 슬피 우는 아이에게 왜 그리 서럽게 우느냐고 물었다

-아빠하고 이제 자장면 못 먹는 거야?

아내는 웃다가 울다가 집 나가는 것도 잊어 버리고

우리는 그날, 짜장면 곱빼기를 먹었다

-「집 나가는 것도 잊어버리고」 전문

부부싸움을 하고 집을 나간 아내는 아이가 눈에 밟혀 다시 돌아와 울고 그걸 본 아이의 말이 가관이다. "아빠하고 이제 자장면 못 먹는 거야?" 철없는 아이의 말에 아내는 "웃다가 울다가" 집 나가는 것도 잊어버린다는 시의 서사는 시인의 체험에서 우러나오는 해학이다. 이러한 아내와의 서사는 해학뿐만 아니라 '정'에 맞닿아 있다. 정은 어떤 겹인가. 감정들의 겹이다. 희로애락의 시간을 지나면서 관념을 가지게 된다면 그것이 '정'의 세계가 될 것이다.

아내가 집을 비우자

아들이 출근한 뒤 한참 만에

먹다 남은 국물에

식은 밥을 말았다

더운 심장 하나가 줄곧

그릇을 맴돌았다

-「더운 심장 하나가」 전문

소중한 존재를 알게 되는 때는 그 사람이 부재할 경우이다. 같이 있다가 혼자가 된 사람이 느끼는 외로움은 그만큼 지나온 시간만큼이나 더 크게 다가온다. 시인은 “아내가 집을 비우자/ 아들이 출근한 뒤 한참 만에/ 먹다 남은 국물에 / 식은 밥을 말았다”라고 말한다. 그 사이에 있을 감정을 비워놓았다. 어떤 이유로 집을 비우게 되었는지, 아들은 밥을 먹었는지 등의 정보는 생략한다. 중요한 것은 ‘먹다 남은 국물’에 ‘식은 밥을 말’고 있는 모습이다. 아내가 없는 자신이 ‘식은 밥’이라는 은유가 성립된다. 식은 밥이 된 시인이 떠올리는 것이 ‘더운 심장’이다. 이 더운 심장의 아내를 향한 그리움, 아내의 소중함 등으로 읽힐 수 있다. 다시 말해 시인에게 아내는 시인의 심장을 데워주는 존재이다. 이러한 아내와의 이야기는 “집밥에는 아내의 눈짓 기대어 오는 길이 있고/ 집밥에는 아내의 부르튼 손마디가 밥상 밑에 보이는 풍경이 있고”(「집밥」), 아내의 뱃속에서 아이가 발길질을 한다/ 지구가 놀라 기우뚱/아내도 놀라 기우뚱/아내의 배를 쓰다듬는 내 손등이 둥글어져 웃는다” (「기우뚱」) 등에서 잘 드러나고 있다.

에메랄드빛 바다를 병풍처럼 두른 방
아들네와 우리 내외
그 사이
네 살 아이 하나 나란히 누웠다

아들 코와 닮은 코
마주 대고
코를 곤다
잔물결이 인다
청잣빛 고기를 잡아 달라, 아이스크림 사 달라, 무등 태워 달라
고 떼쓰던 아이

하얗게 부서지는 파도가 와도 세상모르게 나비잠 잔다

아이와 나란히 누워
바다에서 도달한 잠꼬대를 듣는다

-「나란히 누워」 전문

시인의 사유는 어디까지 다다른 것일까. 그 사유가 다다른 곳은 다시 가족이다. "에메랄드빛 바다를 병풍처럼 두른 방/ 아들네와 우리 내외/ 그 사이 / 네 살 아이 하나 나란히 누웠다"를 통해 시인의 자리를 엿볼 수 있다. 특히 관심을 끄는 것은 '사이'라는 시어와 '나란히'라는 시어다. 나와 너 사이, 가족과 가족 사이, 차이도 있고 이질감

도 느끼지만 우리는 '나란히' 살아간다. 시인은 우리가 코로나19와 스피드로 가득 찬 세상의 폭력을 이기기 위해서는 '나란히'가 필요하다고 말한다. 함께 가는, 함께 이해하고 함께 살아가는 세상은 이 '나란히'에서 이룩된다. 나란히 상대를 곁에 두는 일은 세계를 내 옆에 두는 일이다. 우리는 같은 것 같지만 서로 다르고 다른 것 같지만 서로 같은 지점이 있다. 이러한 겹이 겁(劫)으로 쌓일 때 세상은 또한 인연의 겹으로 다시 새로운 내일을 맞이한다. 시인이 보여준 공간과 시간의 겹을 통해 우리는 과거와 현재와 미래가 하나로 만나는 경험을 하게 된다. 그 경험은 나와 너로 그리고 우리로 만나는 일이며 '나란히'의 공동체를 만들어가는 일일 것이다. 시인의 시 한 편을 시우(詩友)로 만난 인연의 겹을 독자들에게 한 겁(劫)으로 내놓는다. 마지막으로 한 편의 시를 읽으며 따뜻한 '정'하나를 마음에 들여놓는다.

고통은 가시가 아니라 가시의 속살

그리움은 향기가 아니라 향기의 밀어

고통도 그리움도 겉이 아닌 속에서 익는다

햇살도 바람도 겉으로는 마음을 알 수 없는 것

단칸 셋방살이에 보채고 찌그러져도
마음은 언제나 하늘을 보고

누구 하나 곁을 내주지 않아도
마음은 언제나 곁으로 다가선다

금빛으로 빛나는 마음아

내 고향 고샅길에 밤꽃이 피었겠다
-「가시의 속살」 전문

한봉준 시집

가시의 속살

2021년 12월 20일 인쇄
2021년 12월 25일 발행

지은이 | 한봉준
펴낸이 | 강경호
인쇄 · 기획 | 도서출판 시와사람
등록 | 1994년 6월 10일 제 05- 01- 0155호
주소 | 광주시 동구 양림로119번길 21- 1(학동)
전화 | (062)224- 5319
팩스 | (062)225- 5319
E- mail | jcapoet@hanmail.net

ISBN 978- 89- 5665- 619- 9 03810

값 10,000원

*잘못된 책은 바꾸어 드립니다.

공급처 ■ 한국출판협동조합
경기도 파주시 적성면 가월리 1859- 9 한국출판협동조합 적성물류센터
주문전화 (02)716- 5616, 070- 7119- 1740